CHOPIN

24 Préludes Op. 28

ショパン　24のプレリュード

解説付
New Edition

中級1―上級2

音楽之友社

目　次

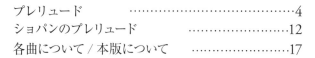

プレリュード 4
ショパンのプレリュード 12
各曲について / 本版について 17

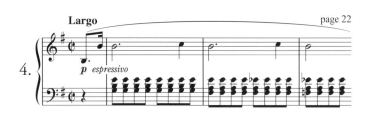
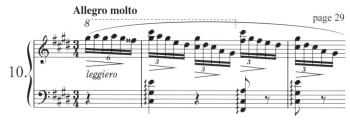

プレリュード

大嶋かず路

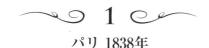

パリ 1838年

　机の上に置いた新聞紙を前に、くたびれた鉛筆に小刀を当てる。慎重に指を動かし、丸みを帯びた先端の形を整える。木屑の山が大きくなるにつれ、鉛筆は徐々に姿を変える。

　これがユリアン・フォンタナの朝の日課だった。この作業が好きかと問われれば、肯定はしない。かといって、嫌いというわけでもない。必要な作業をするのに特別な感情はいらない——フォンタナは何をするにもそんなふうに考える男だった。

　3本目の鉛筆を削り終えたとき、フォンタナはふと思った。——このところ鉛筆の減りが速いな……。

　それは紛れもなく、ショパンのせいだった。ショパンからパルマ・マジョルカの消印のついた郵便物が届く度にインクは底をつき、鉛筆は瞬く間に短くなっていく。——次回ショパンに会ったら、文房具代を請求しなければ……。

　そんなふうに何度も思ったものの、請求書を書いたことは一度もなかった。ポーランドの独立戦争敗北後、ロシアからの追撃を逃れてヨーロッパ各地を転々としたフォンタナにとってショパンは救い主に等しい。

　疲弊してパリに到着したフォンタナに住処を提供してくれたのは、ほかでもない、ショパンだった。高級家具で彩られた豪邸に居心地の悪さを感じながらも、フォンタナは亡命者用の宿を渡り歩く生活から脱出できたことに安堵したのだった。

　その時、けたたましいノックの音が客人の到来を告げた。
「フォンタナ、いるかい？」
　玄関ドアの向こうから聞き慣れた声が聞こえた。
「おーい！　いるんだろう？　入るぞ」
　フォンタナはその声を無視した。机に向かい、黙々と鉛筆をけずり続ける。

　あえて来訪者を迎えようとしないのは、声の主が合い鍵を使って入ってくることを知っていたからだ。かくしてドアが開き、せわしない足音が背後に迫った。鉛筆から顔を上げ、振り返ったフォンタナは、そこに立っているのが友ではなく、丸顔の幼い少年であることに目をむいた。

　数歩遅れて姿を現したマトゥシンスキ医師は、少年の妹と見られる少女の手を引き、明らかに小さな子どもの扱いに手こずっていた。
「二人とも、おじさんに挨拶しなさい」
　子どもたちが、はにかみながらそろってお辞儀をするのを待って、フォンタナは言った。
「日曜の朝から子もりか？　奥さんはどうしたんだよ」
「妻は外出中。これから教会へ行くところだ。その後で二人を植物園に連れて行く」
　ぎこちなく父親の役割を果たすマトゥシンスキの姿に、フォンタナはショパンの姿を重ねた。二人は子どもの頃から仲が良かった。「僕たちは同じ土でできているんだ」と、ショパンは冗談とも自慢ともつかぬ口調で言ったものだ。確かにその通りだ、とフォンタナは思う。

　そうでなかったら、よりにもよって子ども連れの年上の女性に同時期に夢中になることもないだろう……。
「ところで昨日、うちに来ただろう？　留守にしていてすまない。何か用か？」
「ああ、そのことだが。ショパンは危機を脱したらしい。どうやら回復したようだ」

　転地療養と称し、意気揚々とマジョルカ島に出発していったショパン。しかしこの旅行はショパンの身に重すぎた。現地到着後、間もなく病に倒れたショパンの容態は、

※4～11ページの記述は、史実を基に構成しています。

マトゥシンスキ医師が伝え聞いたところによると極めて深刻だった。
「回復したってどの程度だ？」
「さあね……」
　フォンタナは言い、5本目の鉛筆に手を伸ばしながら、
「そう心配することもないだろう」
「安静が必要なんじゃないのか？　ちゃんと手当ては受けているのだろうな？」
「大丈夫さ。修道院に入ったそうだから」
――修道院？　……病院の間違えではないのか？
　フォンタナの言葉にマトゥシンスキは困惑し、言葉を失った。
「パルマ近郊の山中にカルトゥジオ会の修道院があって、一行はそこに逗留している。ショパンは僧房で作曲を続けるそうだ」
　マトゥシンスキは何も言わない。ショパンの突拍子もないアイデアに驚かされることは、これまでも度々あったが、今度ばかりは医師の理解をはるかに超えていた。
　フォンタナは小刀を動かす手を止め、ショパンの手紙を掴みあげてマトゥシンスキに手渡した。
「体調がどうであれ、プレリュードが完成するまでは、帰ってこないだろう」
「帰れるかどうか……。そのほうが心配だね……」
　便箋を受け取り、見慣れたショパンの筆跡に視線を落とすと、マトゥシンスキ医師の脳裏には丸天井の寒々しい僧庵で、黙々と仕事をするショパンの姿が浮かんだ。

　床に散らばる五線紙……。校訂途上のバッハの楽譜と完成間近のショパンのプレリュード……。窓から差し込む光が、雨粒のように五線紙の上の散りばめられたインク書きの音符をくっきりと浮かび上がらせている。
　足元に積み上げた楽譜を傍らに、ショパンは机代わりの木箱を前に座っていた。五線紙に音符を書きかけては消し、紙を丸めては暖炉に投げる。そんなことを繰り返すうちに、ペン先はいつしか潰れ、ギザギザの太い線しか描き出せなくなっている。かすかな苛立ちを覚えながら、ショパンはペンナイフを取り出し、いびつになったペン先を整える。
　なかなか気に入った形に仕上がらないのは、部屋全体を包み込む暗がりのせいだった。2週間というもの太陽は行方をくらまし、灰色の雲間から顔をのぞかせることすらない。空は絶えず雨を降り注ぎ、中庭のぬかるみには、いくつもの小さな川ができている。

ジョルジュ・サンド
George Sand
（1804-1876）

　この湿気と寒さは、病み上がりのショパンの身にこたえた。危機的な状態を脱したとはいえ、咳の発作は昼夜問わずショパンを襲う。衰弱した体を奮い立たせ、楽譜に向かって仕事に没頭するうちに、何か目に見えぬ者の力によって動かされているような感覚に陥ることすらあった。
　そんな時、ショパンは思う。この修道院にたどり着いたのは、果たして偶然なのだろうか……？
「あの子たちには、本当に困ったものだわ」
　僧房の扉を押し開けながら、疲れた口調でジョルジュ・サンドは言った。
「ラテン語の家庭教師を連れてこなかったのは、間違いだったわね。二人とも勉強が嫌いなのよ。教科書に見向きもしないわ」
「あいにく、ぼくが教えることのできるラテン語といえば、Ad Majorem Dei Gloriam（神のさらなる栄光のために）」
　サンドはその言葉を繰り返し、疲弊した顔に笑みを浮かべた。
「あなた、随分と信心深いのね」
「いや……」
　しばし口を閉ざし、不器用にペンナイフを動かしながら、ショパンは言う。
「パリで今、どんな噂が飛び交っているか想像するだけで気が滅入るよ……。ある友は、ぼくが修道僧になるつもりなのかと本気で疑っている。思いとどまれと言わんばかりの語調で手紙を書いてきた」
　ショパンの言葉に、サンドは声をあげて笑った。
「そう思わせておけばいいじゃないの。修道院に滞在していると聞いて、驚かない人はいないわ」
　サンドの言葉には一理ある。ショパン自身でさえ、なぜ自分たちがこの場所を住処に選んだのか疑問に思うこともあった。降りしきる雨に退路は断たれ、病身に鞭打って下山することさえ許されない。
　一番の痛手は、ピアノと呼べる楽器がどこを探しても

見つからないことだった。数年間を費やしてきた24曲のプレリュードを、ピアノのない部屋で仕上げなければならないのかと思うと、背筋が凍る思いだった。

「ここを出て行くのは、いつになるだろうか……」

ふと口をついて出たショパンの呟きに、サンドは執筆中の原稿から顔を上げた。

「さあ、いつになるでしょうね」

ショパンの不機嫌な目を見据え、サンドは言う。

「あなたの《24のプレリュード》と私の『スピリディオン』が完成するまで、出て行くことはできないでしょう。そんな気がするわ」

ショパンはサンドから目をそらし、窓の外に視線を移した。鉛色の空が発する微弱な光線が、ステンドグラスを通じて僧庵の床を微かに照らす。そこではバッハの《平均律クラヴィーア曲集》が最終ページをあらわにし、作品に込めたバッハの思いを語っている。

——Soli Deo Gloria（神にのみ栄光あれ）——

2
バッハとショパン

フェリシテ・ド・ラムネー
Félicité-Robert de Lamennais
（1782-1854）

ジョルジュ・サンドが執筆中の『スピリディオン』は、閉鎖的な観想修道会を舞台に繰り広げられる、修道僧アレクシの葛藤と真の信仰との出会いを描く小説だった。カルトゥジオ会の僧庵は、サンドにとって作品の執筆に絶好の場所であったに違いない。

しかし、この聖なる地でサンドが書き記していたのは、純粋な宗教小説ではなく、腐敗したカトリック教会に対する批判と、名声に固執する聖職者たちの堕落した姿だった。

「これが現実。だけど、私の小説は絶望の物語ではないわ。希望は腐敗した土壌の上に咲くものよ」

そう言ってほほ笑むサンドの顔をランプ越しに眺めながら、ショパンはその物語の背後に聖職者フェリシテ・ド・ラムネーの幻影を見て取った。ジョルジュ・サンド、フランツ・リスト、大勢のポーランド人たちが人生の師としてラムネーを仰ぎ、ヴィクトル・ユーゴーは小説『レ・ミゼラブル』にその名を登場させた。

それほどの人望を集めた人物ではあるが、カトリック教会からは危険分子のレッテルを貼られている。自由の在り方を巡り、ローマ教皇を批判したラムネー神父は断罪され、その著作は禁書とされた。それでもラムネーの人気が衰えることはない。多くの支持者が彼を民衆の主導者と呼び、神を中心とする人類の連帯を主張している。

「この本を書き上げたらすぐに出版するわ。批判を受けることは覚悟の上よ。だけど、そんなこと気にしていられないわ。私はただ真理を表現しているだけ」

原稿に視線を移したサンドの横顔に、苛立ちの陰が浮かんで消えた。ショパンはそんなサンドを見つめたのち、机の上に両手を組み合わせ、プレリュードの手稿を前に物思いに沈んだ。

24のプレリュード——。

何年か前にこの作品を構想した時、ショパンが常に持ち歩いていたのはバッハの《平均律クラヴィーア曲集》だった。

バッハとショパンの音楽的なかかわりは深い。

バッハの作品をショパンに初めて示したのは、幼少時代のピアノの教師ヴォイチェフ・ジヴヌィだった。早熟な神童だったショパンは子どもらしい勤勉さで瞬く間に《平均律》を習得し、教師の舌を巻いた。

「私に教えられることはもう何もないよ」

こう言ってジヴヌィが帽子を脱いだとき、ショパンは12歳の少年だった。それから何年かして、ショパンはバッハの作品を一から研究しなおし、そこからヒントを得て自ら新たな作品を世に送り出した。

《24のプレリュード》についても、《平均律クラヴィー

ア曲集》から着想を得て書かれたとする説もある。では、敬虔なルター派プロテスタントであったバッハの信仰や宗教的な精神性とのつながりについてはどうだろうか。

　カトリック教徒が大半を占めるポーランドでは、ルター派は少数派であり、異端視されているということもあって、その教えやしきたりが一般社会に浸透することはなかった。その一方、プロテスタントたちは結束し、カトリック社会に順応しながらも自分たちの信条を、かたくなに守って生活していた。

　異郷の地で郷愁に駆られ、ワルシャワの風景を思い起こすたびに、ショパンは脳裏にルター派の拠点である聖三位一体教会の丸屋根を見た。少数派とはいえ、円形の礼拝堂はワルシャワ随一の大きさを誇り、そこに出入りする信徒たちの多くは、ショパンの知り合いだった。
「これから讃美歌の練習さ。もうすぐ待誕節（たいたんせつ）だから、サボるとお父さんに怒られる。一緒に歌っていかないかい？」
　ルター派教会の思い出の中でよみがえってくるのは、少年の頃のマトゥシンスキの姿だった。こんなふうに誘われて、あるいは新しいオルガンの試演のために礼拝堂に足を踏み入れるたびに、ショパンは高い丸天井に響きわたる輝かしい音響に息を飲んだものだ。
「誰かがオルガンを弾いている。バッハの曲だね……？」
「プレリュードだよ。この曲が終わるとみんなで賛美歌を歌うんだ。歌詞はこう。"いざ来たれ、異邦人の贖（あがな）い主よ"」
　3世紀前にマルティン・ルターが書いたこの歌詞を、ルター派の信徒たちは何よりも大切にしていた。ルターにとって音楽は神からの賜物であり、讃美歌の斉唱は信仰の証にほかならない。音楽の聖性を重んじたルターの意志を継承したバッハは、自身のすべての作品に神の栄光を讃える言葉を書き添えた。
「バッハは教会の学校で働いていて、自分で書いた曲をすべて神様に捧げたんだって」
　教会からの帰り道、別れ際にマトゥシンスキが言った。
「つまり聴き手は神様だってこと。だから演奏するときは、いつも真面目にやらなくてはいけないんだ」
「本当にそれを信じているの？」
「わからない。だけど、バッハの曲を聴いて、そんな感じがするときはないかい？」
　バッハの音楽は多くの聴者に、神の臨在を思わせた。教派の壁を超えて聞き手を天の高みへと引き上げる力に満ちたものであり、キリストの教えの究極へと導くものである。その音調の中にショパンが見い出したものは、鼓動する生命だった。

　ショパンは時折、譜面台に開いたバッハの楽譜を前に、物思いにふけったものだった。そこに記された音符はいつ見ても新鮮であり、読み進めるたびに新たな発見が少年の心をとらえた。それらをつかみ取り、この世に解き放そうとするかのように、ショパンは何時間も演奏に没頭した。

　バッハの音楽は、作曲家自身の言葉に他ならない。その言葉に突き動かされ、ショパンはいつしか新たな音楽の境地に導かれていった。彼方にバッハの音楽を聴きながら、少年はかつて耳にしたことのない楽曲の種子が胸の内で開花するのを感じ、身震いするほどの感動を覚えたものだった。

「フレデリック……」
　脳裏に浮かんで消える過去の光景に見とれていたショパンは、不意に聞こえたサンドの声に、我に返った。
「あなた、新しい作品について何も話してくれないのね。24曲のプレリュードのことだけど。完成も間近なんでしょう？」
「秘密にしているわけではないよ。しかし言葉で説明するとなると、難しい。一体何を語ればいいというのか……」
　《24のプレリュード》は緻密に構成された作品だ。美しく、華やかな長調の小曲に続いて並行短調の小曲が出現する。それらは陰鬱な影を帯び、時に鎮魂の聖歌と似た宗教的な響きを放ち出す。そして、それぞれ完成された楽曲として独立しながら連帯し、壮大な一つの作品として完結する。

　それらはあたかも、喜びと悲しみの咲き乱れる人生を表すかのようである。

　ショパンは小曲一つひとつに霊感を吹きこむことで、何らかの前奏曲という既成の概念からプレリュードを解放した。その姿は、神からの賜物である音楽を完全な形で世に示し、教会音楽の普遍化を図ったバッハの姿と重なる。ただ、ショパンは聖歌を書くことも、大っぴらに神を讃美することもない。その作品の奥底では、生と死の狭間で苦悩する人間の叫びが常にこだましているかのようである——。

「ピアノさえあれば、言葉よりも雄弁に語ることができるだろう。あいにくここにはピアノはない。このまま永久に手に入らないかもしれないと思うと、ぞっとするよ」

ショパンは眉をしかめ、沈痛なまなざしを床に落とした。雨が長引くにつれ苛立ちを募らせるショパンを横目に、サンドはさりげなしに言う。

「心配することはないわ。プレイエルがピアノを発送したというのだから、そのうち届くでしょう」

その声は冷淡なまでに静かだったが、サンドはショパンの体調を常に気にかけていた。

「晴れたら森へ散策に行きましょう。子どもたちも喜ぶわ」

「うむ……」

ショパンはその声に耳を傾けているようで、その実何も聞いていない。白壁に掛けられた木製の十字架に背を向けて座り、身じろぎもせずに黙想にふける。さまざまな思いが去来する心の深淵にショパンが見ていたのは、病に悩み、苛立ち、人生を懐疑せずにはいられない自身と、そのさまをアイロニカルに見つめる自身の二つの姿だった。

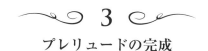

3
プレリュードの完成

激しく降りしきる雨が静寂をかき乱しながら土砂を街道に注ぎ込み、川を氾濫させる。地中海の波が荒れ狂いながら岸壁に打ち付け、牙をむく魔物のように岩肌を削り落とす。

世の末を思わせる悪天候をよそに、修道院の僧庵は変わらぬ静けさに包まれ、そこでの時は、あたかも平安を約束するかのように、ゆったりと流れすぎていく。

プレイエル社がマルセイユから発送した縦型ピアノが、パルマに入港したとの知らせをショパンが受けたのは1838年12月末──マジョルカ島の滞在予定期間も半ばを超えてのことだった。サンドは執筆を中断し、関税の手続きを済ませるためにパルマに向かった。

「よかったじゃない。これで仕事がはかどるわね」

ぬかるみに残された郵便馬車の轍（わだち）が、サンドを乗せた馬車を町まで運んでいく。天候は小康となり、雲間から時折太陽が顔をのぞかせた。それもつかの間、気まぐれな雨がサッと音を立てながら大地を濡らした。

半日がかりでパルマに到着したサンドを待ち受けていたのは、税務署の役人とのやっかいな交渉だった。言葉の壁、役人の無知、煩雑な手続きが折り重なってふりかかり、サンドを疲弊させた。数日後、ピアノがヴァルデモーザに到着し、修道院の回廊を新風が吹き抜けた。

ピアノを手にしたショパンは、生命を取り戻したかのように仕事に専念し、短期間のうちに《24のプレリュード》を完成に導いた。あたかも胸の内で、すでに出来上がっていたものが、鍵盤の間から爆発的に噴出し、結晶したかのようだった。

深夜、ショパンの部屋から漏れ出る明りに気づいたサンドは、そっと扉を開け、声をかけた。

「もう遅いわ。休んだほうがいいわよ」

完成稿の製作に没頭するショパンの横顔は青ざめ、病の色が濃くなっている。

「お願いだから、ベッドに行きましょう。夜更かしは身体にさわるわ」

「ああ、そうするよ……」

サンドのほうに顔を向け、ショパンは言う。しかし、その目はサンドの姿をとらえてはいない。視線をどこか遠くに据え、24曲目の最後の音が鉄の鐘のような音色で繰り返されるのを聴いている。かつて教会の鐘つきは、病床の信徒の臨終の間際に、鐘楼（しょうろう）の鐘を3度打ち鳴らしたという。その音は、そんな鐘の音を思わせた。

当初、このフィナーレは別のものとなるはずだったが、

何かが違う、とショパンは思った。熟慮し、ためらった後、一度書いた音符を消し去り、別の音符を書き入れた。サンドはそんなショパンを眺めたのち、静かにその場を離れた。

と、その時、背後にかすれた声を耳にした。

「アレクシ神父はどうなった……？」

サンドは微笑み、心ここにあらずのショパンをその場に残し、後ろ手に扉を閉めた。

再び『スピリディオン』の原稿に向かったサンドは、主人公アレクシ神父を通じて国家権力と癒着した教会の真実を暴き、修道士スピリディオンが書き残した思想「永遠の福音」を語った。真の福音に基づく全人類の連帯を唱えるこの思想こそ、堕落した権威者から人類を解放し、未来を拓く唯一のカギである。時は18世紀末。「永遠の福音」がこの世を支配する時代はもう間もなく——フランス革命の成功によってもたらされうる。

こう述べたのち、サンドはアレクシ神父を冷酷に殺害し、ランプの炎を吹き消した。

その晩、修道院の周囲では風が木々をなぎ倒されんばかりに吹き荒れていた。大地が轟音を立て、古びた家屋の壁が軋んで揺れた。明け方になって、天候は落ち着きを取り戻し、冷気を帯びた静寂がその場を包みこんだ。

疲れ切った身を寝台に横たえたショパンは、短いまどろみの後、揺り動かされて目を覚ました。

「ご覧なさい。雨雲は去ったわ」

身を起こし、窓の向こうに視線を走らせると、いつもと異なる風景がショパンの目に入った。そこに見えるのは、透けるような青。雲一つない快晴の空だった。眩しい陽光がガラス越しに部屋を照らし、窓辺のテーブルに光線を注いでいる。

そこには一枚の便箋が横たわり、書きかけの文面を露わにしている——

> 親愛なるユリアン、24のプレリュードを送ります。自分でコピーをとりましたが、ひょっとすると写し違いがあるかもしれません。手稿をどうかプレイエルに渡してください……。…………………

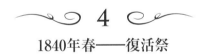

4
1840年春——復活祭

ショパンの《24のプレリュード》は1839年夏にパリの楽譜店の店頭を飾った。売れ行きは好調で、目下イギリスの出版社が出版権の獲得に向けた交渉に本腰を入れている。

フォンタナは出版社に出向いて楽譜を手に取り、問題がないことを確かめると、この仕事に自ら区切りをつけた。1840年4月、フォンタナはパリを発ってボルドーへ向かった。19日に開催される演奏会に出演した後、しばらく当地に滞在する予定だった。

この演奏会のプログラムは、ショパンの作品を中心に、リスト、タールベルク、アルカンの難曲から構成されている。ショパンからの頼まれごとをてきぱきと終える傍ら、ピアノの練習は日々欠かさず、創作にも余念がない。

フォンタナがこれらを同時にこなすことができたのは、並外れた才能と知性を備えていたからというだけではない。ショパンを友人として愛し、その作品の真価を正しく理解していたためであろう。

ボルドーに腰を落ち着けたフォンタナは、新緑の眩しい田園地帯でのひとときを満喫した。時は復活祭のシーズンの只中にあり、色とりどりの装飾が町を飾り立てている。この心はずむ空気にうながされ、ここしばらく教会に足を向けたことのなかったフォンタナでさえ、ミサに与ろうかと思ったものだった。

演奏会から数日が過ぎたある午後、郊外から帰ったフォンタナは、パリの消印のついた郵便物を受け取った。フォンタナが手にしたのは、ライプツィヒから転送されてき

た『新音楽時報』とショパンからの一通の手紙だった。

　まずは『新音楽時報』を開き、ロベルト・シューマンの書いた《24のプレリュード》に関する評論文に目を通した。フォンタナは記事を読みながら苦笑した。楽譜を前に困惑するドイツ人評者の姿が、目に浮かぶようだった。シューマンは24曲のプレリュードを不完全な作品の寄せ集めであるとし、廃墟とまで呼んでいた。

　フォンタナは新聞を折りたたんで脇に押しやり、ショパンの手紙を開封した。前年秋にパリに帰ったショパンはトロンシェ街のアパートに落ち着き、レッスンに作曲、ピガール街のジョルジュ・サンド宅への訪問と、多忙な生活を送っているはずだった。手紙の内容は他愛のないものだったが、フォンタナはショパンの孤独を感じ取った。

　ショパンは常に大勢の人間に囲まれて、楽しそうにしている。しかし、真に心を開くことのできる友人はごく少数だった。そのうちの一人はボルドーに滞在中。もう一人の友マトゥシンスキ医師は、病院に軟禁状態で昼夜患者の世話に追われている。ポーランド人クラブで開催された復活祭の宴も、ショパンにとって、さぞかしわびしいものであったに違いない。

　　ユリアン、いかがお過ごしですか。元気でやっていますか？　ぼくのほうは咳がおさまらず、何も手につきません。どうか時間があるときに手紙をください。……

　フォンタナにこの手紙を書くことを思い立った頃、ショパンはトロンシェ街のアパートで、ひどい咳の発作に見舞われていた。マジョルカ島で体調を崩してからというもの、ショパンの胸から息苦しい不快感が消えたことはない。マトゥシンスキと、その同僚のラチボルスキ医師から処置を受けたが、体調は下降線をたどる一方だった。

　書き物机を前に座り、ショパンが手紙を書き始めたとき、使用人が来客を伝えに来た。
「リスト様がお見えです。お通ししてもよろしいでしょうか」
　顔色の悪いショパンの身を案じるかのように、使用人は恐る恐る言う。ショパンはペンを置き、ブロッターを便箋に押し当ててインクを吸い取った。
「ジョワイユーズ パーク（キリストのご復活おめでとう）」

　ショパンは客間のドアのところで客人を迎え、慣例通りの挨拶をしながら握手した。この数年間、イタリアを拠点にヨーロッパ各地で演奏活動を行っていたリストは、復活祭を前にパリに戻ったばかりだった。帰郷もつかの間、数日後には英国でのコンサート・ツアーを控えていた。
「残念ながら、ロンドンに詳しいフォンタナは今ボルドーだ。君とタールベルクとの関係を取りなすようなプログラムを作り上げ、あちらでリサイタルですよ。きっと成功するでしょう」
　ショパンは、リストが鬼才ピアニストと評判のタールベルクをライバル視し、演奏技術のさらなる向上に心血を注いでいることを承知の上だった。
　リストは微笑みながらワイングラスを上げ、
「それは結構な話だが……。ショパンくん、君はあまり加減がよくないようだね」
「スペインから帰ってからというもの、ずっとこんな調子です。大したことはない。すぐによくなります」
　ショパンは口を閉ざし、グラスに口をつけた。リストはマジョルカ島でサンドとショパンに何があったのか、興味をかきたてられた。
　サンドの新刊『スピリディオン』は称賛と論争の的となり、当の著者は逃げ去るように都会を離れ、田舎に引きこもっている。
　ショパンは病んだ顔をして、明らかに無理をしている。それにもかかわらず、この1年間で驚くべき傑作を世に送り出した。まさに奇跡としか言いようがなかった。
「ところで、昨年暮れの『新音楽時報』に、君の《24のプレリュード》についての記事が掲載されたでしょう」
　リストの言葉に、ショパンはうなずいた。
「とてもよく書けていると思いましたね。シューマンは不満を述べながら、賞賛する。休止符にさえもぼくの名が浮かぶのを見た、と言っていましたよ」
　リストは笑いをこらえながらうなずき、
「ぼくならもっとストレートに表現しますよ。君のプレリュードは、まったく新しい。従来の序曲や前奏曲とは異なる。前置きの概念を超えたプレリュードが存在しうることに、これまでいったいどれほどの人間が気づいていただろうか、とね」
　リストは相手の反応を見定めようとするかのように、注意深くショパンを見つめ、言葉を続けた。

「楽譜を見たとき、あたかも叙事詩を読んでいるかのような感覚にとらわれました。例えば、ラマルティヌーの詩『レ・プレリュード』をご存じでしょう？」
「知っていますよ。"人生は死への序章に過ぎない。"冒頭のこの言葉を知らない者はいないでしょう」
「君もあの詩に影響を受けたのでは？」
　ショパンはリストから目をそらし、笑いながら立ち上がった。
「ぼくのプレリュードで謎かけをするつもりかい、リストくん」
　ショパンはカウンターの前に立ち、自らカクテルを作ってリストに差し出した。
「すべて楽譜に書いてある通りです。必要なことは余すことなく書きました」
　場所を変え、リストの右手側のソファに腰かけながら、ショパンは言った。
「それがタイトルの意味するところのすべてです」
　リストは口を閉ざし、その言葉の意味をかみしめていたが、やがて言った。
「ますます興味をそそられる。実は、君があの24曲をまとめてプレリュードと名付けたことに、ぼくは意味深長な何かを感じるのですよ」
　そしてやや前かがみになってショパンの顔を覗き込み、
「君は決して明かさないだろう。ひょっとして、フォンタナくんに聞けば、手掛かりは得られるかな」

「さあ……」
　あの友はショパンに意見してくることもなければ、他の音楽家と違って、楽曲の裏の意味を探ろうと謎をかけてくることもない。しかしフォンタナが自分の作品を誰よりも正しく理解していることを、ショパンは感じていた。
「聞いてみたらどうです。ぼくは口止めなどしていませんよ」
　グラスを片手にソファにもたれかかると、自然と口元に笑みが浮かんだ。
——ユリアンは、今頃どうしているだろう……
　西の空に沈み始めた太陽が、パリのトロンシェ街とボルドーを均等に照らしている。ボルドーの演奏会場は、早くから祭日の礼服を身にまとった市民で埋まった。水を打ったように静まり返った客席を前に、フォンタナは落ち着き払って鍵盤に手を置いた。
　やがて流れ出てきた音楽が、聴衆の心を満たし、琴線を揺らせた。
　復活祭のその日、教会でキリストの生と死を観想した人々は、ミサの神聖な余韻がショパンの音楽と絡み合うのに任せ、永遠なるものについて新たに思いを巡らせたのだった。

——了——

ショパンのプレリュード

大嶋かず路

ショパンの代表作の一つである24曲のプレリュードは1836年頃に着手され、1839年1月頃に仕上げられた。これらは《24のプレリュード》作品28として同年6月にパリのカトラン社より出版された。この作品集は、出資者として楽譜の出版に貢献したカミーユ・プレイエル（1788～1855）に献呈された。同年秋にはドイツ版が出版され、作曲家 J. C. ケスラー（1800～1872）に献呈されている。

ショパンはこのほかに二つのプレリュードを書き残した。最初の作品である《プレリュード》イ短調は1834年に作曲されたが、当初この作品にタイトルは付されておらず、作曲家の死後、《プレリュード》として出版された。《24のプレリュード》作品28の出版から、およそ2年後の1841年、ショパンは再びプレリュードの作曲に着手し、嬰ハ短調の《プレリュード》作品45を完成させた。この作品は同年パリのシュレザンジェ社、及びウィーンのメケッティ社から出版された。

プレリュードとは

プレリュード（前奏曲）は時代や地域において、さまざまな意味を有し、その役割や様式も多様である。一般的には、何らかの楽曲の導入的な役割を果たす器楽曲を意味し、その起源は15世紀に遡る。18世紀にいたるまで多数のプレリュードが書かれたが、形式的には自由であり、即興性に富んだ作品も多くみられる。こうしたプレリュードに明確な「形式」を与えたのはヨハン・セバスチャン・バッハ（1685～1750）の《平均律クラヴィーア曲集》（1722年）である。上行する半音階の順に配置された24の調性によるプレリュードとフーガは、その後のプレリュードの方向性を決定づけた。19世紀初頭までにクレメンティ（1752～1832）、フンメル（1778～1837）、クラーマー（1771～1858）、シマノフスカ（1789～1831）、ヴュルフェル（1790～1832）、カルクブレンナー（1785～1849）、モシェレス（1794～1870）らによってプレリュードが書かれたが、多くはバッハの作品と同様、すべての調性によって書かれ、後続する何らかの楽曲の前奏の役割を担った。これらの作品はショパンにとっても身近であったと考えられるが、《24のプレリュード》作品28の直接的な動機となったとは言い難い。

プレリュードの長い歴史の中で、「前例のない新たな特長を有する作品」として位置づけられるのがショパンのプレリュードである。

伝統という枠組みにおける伝統からの離脱

1）バッハとショパン

ショパンのプレリュードとは何を意味するのか——この難問を解き明かす上で着目したいのは、次の2点である。
・バッハに始まる伝統の中でこの作品集が書かれたこと
・プレリュードそれ自体を独立した音楽作品とすることで、伝統からの逸脱を図ったこと

これらは作曲家としてのショパン及びその作品を知る上で、大きなヒントを与えてくれる。バッハの《平均律クラヴィーア曲集》は、作曲家ショパンの人間形成に大きな役割を果たした作品である。ワルシャワでの習熟時代、ショパンは音楽教師のヴォイチェフ・ジヴヌィ（1756～1842）にピアノの手ほどきを受け、その際バッハの作品を学んだ。バッハに強い思い入れを抱いていたジヴヌィは《平均律クラヴィーア曲集》を神聖視し、教え子にこの作品集を課すのが常であった。幼少時代、ジヴヌィによって導かれたバッハとの出会いは、ショパンのその後の人生に影響を与えた。ショパンもまたバッハの作品を生涯愛し、この曲集をレッスンの課題として用いている。現在、ショパンがレッスンの際に使用したバッハの《平均律クラヴィーア曲集》が保存されているが、鉛筆で記された細かな指示記号に、バッハの作品に真剣に取り組み、かつ、その解釈にこだわりを抱くショパンの姿勢が見て取れる。

2）《24のプレリュード》の特徴と誕生

　1838年、マジョルカ島への旅行に際して、ショパンは《平均律クラヴィーア曲集》を携行し、ヴァルデモーザの修道院に滞在中、その校訂を手掛けた。こうした作業と並行して完成されたのが《24のプレリュード》作品28である。

　ショパンの《24のプレリュード》とバッハの《平均律クラヴィーア曲集》は多くの共通点で結ばれている。例えば、楽曲の配置についてである。《平均律クラヴィーア曲集》では24曲のプレリュードとフーガが上行する半音階の順序に配置されているのに対し、ショパンの《24のプレリュード》ではハ長調を起点とする五度循環形式で楽曲が並べられている。

　しかし、両者の相違は明確である。それは、ショパンのプレリュードが後続する楽曲をもたないという点である。24曲のプレリュードは「何らかの前奏」という既成の概念を超え、独立した楽曲として存在感を示しながら一連の作品として集結する。そのタイトルと楽曲は、バッハの伝統に従いながら、同時にその伝統から乖離する「新しい芸術音楽」の在り方を模索するショパンの姿を映し出している。その姿はまた、1830年代という大きな時代の流れの中にショパンがいたことを示している。

3）《24のプレリュード》の文学性

　ここでショパンがプレリュードに着手した1830年代という時代に着目したい。長年ヨーロッパを支配していた絶対王政に市民が反旗を翻したフランス革命からおよそ40年の時を経て、フランスは「ロマン主義の時代」の最盛期にあった。革命後、各地で勃興した自由主義の波は市民生活や文学活動に大きな影響を与え、新時代を告げる文学者や芸術家の登場を促した。これまで絶対とされた権威者に対する失望は、従来の文学観や神観までをも覆した。そこで文学者たちが使命として見い出したことは、理性や客観性が求められた旧来の文学的伝統から離脱し、神の似姿である人間の感情を自由に表現することであった。それはまた、完全な美を実現させることであり、ひいては、神の創造を肯定することでさえある。こうした文学的傾向は18世紀末にドイツ語圏で盛んとなり、19世紀初頭には全ヨーロッパ的な文学運動へと発展した。

　フランスにおけるこの文学運動の旗手となったのは詩人アルフォンス・ド・ラマルティヌー（1790～1869）、作家ヴィクトル・ユーゴー（1802～1885）らである。彼らの作品や文学観は芸術活動全般に影響を与え、斬新な手法で人間を深く描写する絵画や戯曲がこの時期に数多く創作された。この時代の芸術作品の特徴として、詩や歴史から着想を得たものや、ある種の文学性の感じられる作品が多いことが挙げられる。

　祖国ポーランドを離れ、1831年にパリに移住したショパンが身を置いたのは、こうした芸術的環境であった。新しい表現を模索する文学者らとの親交は、ショパンにとって大きな刺激となった。その結果、《バラード》や《スケルツォ》などピアノ作品における新ジャンルがショパンの手によって次々と生み出された。《24のプレリュード》もまた、このような時代の中で書かれた作品であり、作曲家存命時から多くの者が、そこにロマン主義的な新しさや文学性を見い出している。

　《24のプレリュード》においてショパンが実現させたのは、まさに古い伝統からの脱却と自由な感情表現による美の創造である。そこではプレリュードは「前奏」という既成の枠組みを越え、それ自体が一つの完成された芸術作品として立脚する。その創作に向かうショパンの姿は、人間を深く描写することで最高の美を実現させようとした詩人たちの姿と重なる。交互に現れる長調と短調の音調から見えてくるものは、生の喜びと死の予感の狭間で懊悩する人間の姿である。即興性、民族性、宗教性の感じられる旋律は、ショパン自身の感情と緊密に結びついたものである。

　こうした情緒豊かなショパンの《24のプレリュード》をフランツ・リスト（1811～1886）はラマルティヌーの詩になぞらえ、「詩的な前奏曲」と呼んだ。ショパンの《24のプレリュード》は「感情表現による完全な美の実現」という点で、最も成功した作品の一つであるといえるだろう。

◆各作品の概要
《24のプレリュード》作品28

第1番　ハ長調
　アルペッジョによって構成されることから、しばしばバッハ《平均律クラヴィーア曲集》第1巻第1番のプレリュードと比較される。この作品は24曲中、最後にマジョルカ島で書かれたとの説がある。左手で優美なアルペッジョの3連符が奏せられる中、右手が旋律を織りなす。この旋律は上行下行を繰り返しながら徐々に高音域に達する。期待、不安、希望に揺らぐ人間の心情がここに表現されているかのようである。

第2番　イ短調
　陰鬱な響きが全曲を覆う。形式的にも曖昧であることから、「謎めいた」「奇怪な」とも表現される作品である。左手がグレゴリオ聖歌《怒りの日》の旋律を思わせる音型を反復し、右手が光と影の間をさまようかのように行進曲風の楽句を反復する。低声部の音型はやがて途切れがちとなり、聖歌風の和音が出現し、終曲となる。

第3番　ト長調
　ざわめくような明朗な音型が急ピッチで繰り返される中、右手が高揚するような旋律を奏する。右手は移り気に旋律から離れ、左手の音型に加わる。ユニゾンで伴奏部が奏でられ、穏やかに終止する。

第4番　ホ短調
　1838年冬にマジョルカ島で作曲された。1849年に行われたショパンの葬儀の際には、この作品がパイプオルガン用に編曲されて演奏された。左手が下行する半音階和音を単調に奏で、右手がメランコリックな旋律を歌う。この伴奏部の音型はバッハの《ロ短調ミサ曲》Crucifixusの音型と関連するとの説もある。

第5番　ニ長調
　広い音域に及ぶアルペッジョが優美な旋律を織りなす。冒頭からトリルを思わせる主題がレガートで繰り返され、歯切れのよい和音で終止する。

第6番　ロ短調
　1838年冬にマジョルカ島のヴァルデモーザ修道院で作曲された。1849年、ショパンの葬儀の際に、第4番とともにパイプオルガンで演奏された。右手が伴奏部を務め、左手がメランコリックな旋律を歌う。伴奏部の単調な和音の連続について、ジョルジュ・サンド（1804〜1876）は雨音を表現したものであると述べた。

第7番　イ長調
　16小節からなる短い小品。マズルカ調のゆったりとしたメロディが特徴的である。

第8番　嬰ヘ短調
　フランツ・リストによると、このプレリュードにもまた雨音が表現されているとのことである。エチュード同様、高度な演奏技術が要求される作品である。右手が旋律を力強く奏する一方、32分音符がそれを装飾する。同時に、下行する3連符が左手で反復され、激しく高揚するような楽想で全体が満たされる。

第9番　ホ長調
　聖歌と行進曲の要素を併せ持つ小曲である。中声部の3連符に乗せて、高声部がゆるやかに上行下行する行進曲風の旋律を奏する。低声部では左手が深みのある聖歌調の旋律を歌う。安定したリズムの中で二つの旋律が絡み合い、楽曲全体が神聖な響きで満たされる。

第10番　嬰ハ短調
　素早く下行する即興的な動機とマズルカ調の動機とで4小節の楽節が構成される。この楽節は転調しながら4度出現する。マズルカのリズムが反復され、静かに終止する。

第11番　ロ長調
　優雅で穏やかな小品である。淀みなく反復される3連符によって美しい旋律が織りなされる。ヴィヴァーチェが指定されているが、テンポについては多様な解釈が可能である。

第12番　嬰ト短調

　左手がオクターヴと和音とで軽快な3拍子を奏で、右手が半音階的な旋律を奏する。左手の和音の幅広い跳躍が楽曲全体に深みを与え、情緒を高める。高度な演奏技術が要求される、情熱的なプレリュードである。

第13番　嬰ヘ長調

　ノクターンを思わせる旋律が美しい小品である。三部形式。左手によって終始繰り返される8分音符は楽曲全体に深々とした情緒を与え、時折色調を変化させる。ショパンは当初この低声部を非常に重視し、「espress[ivo]」と記した。後にこの記号は削除され、「legato」が書き加えられた。主部におけるペダルの指示が、最小限であることにも注視したい。

第14番　変ホ短調

　ユニゾンで半音階的に進行する3連符が反復される。無調的な楽想は陰鬱で、悲壮な影に覆われているかのようである。『ピアノソナタ第2番』（Op.35）の最終楽章との類似が想起される。

第15番　変ニ長調

　「雨だれの前奏曲」との名称で知られる。24曲のプレリュードの中で単独で演奏される機会の最も多い作品である。三部形式。終始繰り返される雨音を思わせる単調な響きの中で、変ニ長調の甘美な旋律が穏やかに奏せられる。中間部では嬰ハ短調に転調し、一転して鬱々とした楽想となる。この旋律は不安の高まりを象徴するかのように反復され、変ニ長調の穏やかな旋律に回帰する。

第16番　変ロ短調

　1小節の短い序奏に続き、駆け巡るような音階による主題が展開する。幅広い跳躍が特徴的な左手のリズムがこの主題を支える。ペダルの効果によって楽曲に光が投射され、息吹が与えられる。ショパンのペダル指示によると、2～4小節目、5～7小節目までと、3小節の間隔で踏み続けることになっている。続く8小節目ではペダルの踏みかえは行われず、以降、16小節目まで2拍ごとに踏みかえるように指示されている。24曲の前奏曲の中で、最も劇的な感情に満ちた作品の一つである。

第17番　変イ長調

　穏やかなカンタービレ風の小品である。甘美な旋律が光彩を放ちながら、緩やかに展開する。ショパンの弟子カミーユ・デュボワによると、低声部の和音の連続について師は「11時を告げる城の古い時計の単調な響き」であると語ったとされる。フェリックス・メンデルスゾーン（1809～1847）やクララ・シューマン（1819～1896）がこの曲を好んだとの逸話がある。

第18番　ヘ短調

　第18番目のプレリュードでは一転して、激しい楽想が展開する。不穏な身悶えするかのような冒頭の楽句に続き、レチタティーヴォ風のユニゾンが楽曲のドラマ性を高める。荒れ狂うような楽想は、最強音（fff）によって終止する。不気味な場面設定や、意表を突く結末が特徴的なロマン主義時代の怪奇物語を思わせる小品である。

第19番　変ホ長調

　楽曲全体を構成する三連符の中から穏やかな主題が浮き上がる。その流麗な旋律を、繊細に色調を変化させるモザイク的な音型が装飾する。難技巧が要求される作品である。

第20番　ハ短調

　非常に短い作品ではあるが、グレゴリオ聖歌《怒りの日》を思わせるコラール風の旋律は、ラフマニノフ（1873～1943）をはじめとする後世の作曲家に影響を与えた。ショパンの弟子ジェーン・スターリング（1804～1859）によると、ショパンはこの曲を「祈り」と呼んだとされる。旋律には葬送行進曲風のリズムも見られる。厳粛で神聖な雰囲気の感じられる作風となっている。

第21番　変ロ長調

　ノクターンを思わせる情緒的な作品。三部形式。動きのある伴奏部が優雅な旋律を支える。左手の奏するこの伴奏部は幅広い音域に及び、のちに右手がこれに加わる。楽曲全体が豊かな音調で満たされる中、コーダに移行し、甘美な余韻を残して終止する。

第22番　ト短調

　三部形式。左手のオクターヴが劇的な主題を呈示し、右手のリズムが楽曲に緊迫感を与える。17小節以降、右手が新たな主題を奏する。緊張感が高揚する中、最初の主題が短く再現され、終曲となる。

第23番　ヘ長調

　幅広い音域を軽やかに動き回る16分音符と、左手の奏する旋律が牧歌的な雰囲気を作り出す。流麗な美と躍動感に満ちた作品である。主題は転調を重ねながら出現し、楽曲の色調を美しく変化させる。

第24番　ニ短調

　低音部が幅広い音域による音型を繰り返し、右手が情熱的な主題を奏する。高度な演奏技術を要する作品である。思いを吐露するかのような旋律、荒れ狂うパッセージ、激しいオクターヴの連続が楽曲のドラマ性を高め、最強音（*fff*）でD音が反復され終止する。この3回繰り返されるD音は「女性信者の臨終に際して2度、男性信者の臨終に際し3度鐘が打ち鳴らされた」というカトリック教会の古い伝統を思わせる。

主要参考文献

Goldberg, Halina ed., *The Age of Chopin: Interdisciplinary Inquiries*, Bloomington: Indiana University Press, 2004.

Goldberg, Halina, *Music in Chopin's Warsaw*, Oxford and New York: Oxford University Press, 2008.

Gołąb, Maciej ed., *Twelve Studies in Chopin: Style, Aesthetics, and Reception*, Frankfurt am Main: Peter Lang Edition, 2014.

Kobylańska, Krystyna ed., *Fryderyk Chopin Briefe*, Berlin: Henschelverlag, 1983.

Leikin, Anatole, *The Mystery of Chopin's Préludes*, Farnham: Ashgate, 2015.

Samson, Jim ed., *The Cambridge Companion to Chopin*, Cambridge: Cambridge University Press, 1994.

Schumann, Robert, *On Music and Musicians*, California: University of California Press, 1983.

Taruskin, Richard, *Music in the Seventeenth and Eighteenth Centuries*, Oxford: Oxford University Press, 2010.

Zieliński, Tadeusz A, *Chopin: Sein Leben, sein Werk, seine Zeit*, Bergisch Gladbach: Gustav Lübbe Verlag, 1999.

アンジェロス、J.F『ドイツ・ロマン主義』野中成夫他訳、東京：白水社、1976年。

エーゲルディンゲル、ジャン＝ジャック『ショパンの響き』小坂裕子監訳、東京：音楽之友社、2007年。

ザフランスキー、リュディガー『ロマン主義』津山拓也訳、東京：法政大学出版局、2010年。

サムスン、ジム『ショパン　孤高の創造者――人・作品・イメージ』大久保賢訳、東京：春秋社、2012年。

ヘルマン、ゾフィア他編『ショパン全書簡 1816～1831年――ポーランド時代』関口時正他訳、東京：岩波書店、2012年。

ミウォシュ、チェスワフ『ポーランド文学史』関口時正他訳、東京：未知谷、2006年。

リスト、フランツ『ショパンの芸術と生涯』蕗沢忠枝訳、東京：モダン日本社、1942年。

レンツ、ヴィルヘルム・フォン『パリのヴィルトゥオーゾたち――ショパンとリストの時代』中野真帆子訳、東京：ショパン、2004年。

『ショパン――パリの異邦人』東京：河出書房、2014年。

各曲について

24のプレリュード

　作曲：1836〜39年

　出版：1839年、パリ：カトラン社

　　　　1839年、ライプツィヒ：ブライトコプフ＆ヘルテル社

　　　　1840年、ロンドン：ウェッセル社

　献呈：カミーユ・プレイエル（フランス初版、イギリス初版）

　　　　ヨゼフ・クリストフ・ケスラー（ドイツ初版）

本版について

本版は、主にフランス初版を基とし、ショパンの弟子カロル・ミクリ Karol Mikuliの校訂版、自筆譜、各種原典版等を可能な限り参照した上で、実用譜として作成した音楽之友社オリジナル版です。

ペダル

　ミクリ版（ライプツィヒ：キストナー社、リプリント版：ニューヨーク：シャーマー社／Leipzig : Kistner / New York : G. Schirmer）

　※現代のピアノで演奏する際は修正や補足をすること。

運指

　イリーナ・メジューエワ

24 PRÉLUDES
A son ami Camille Pleyel

Op.28

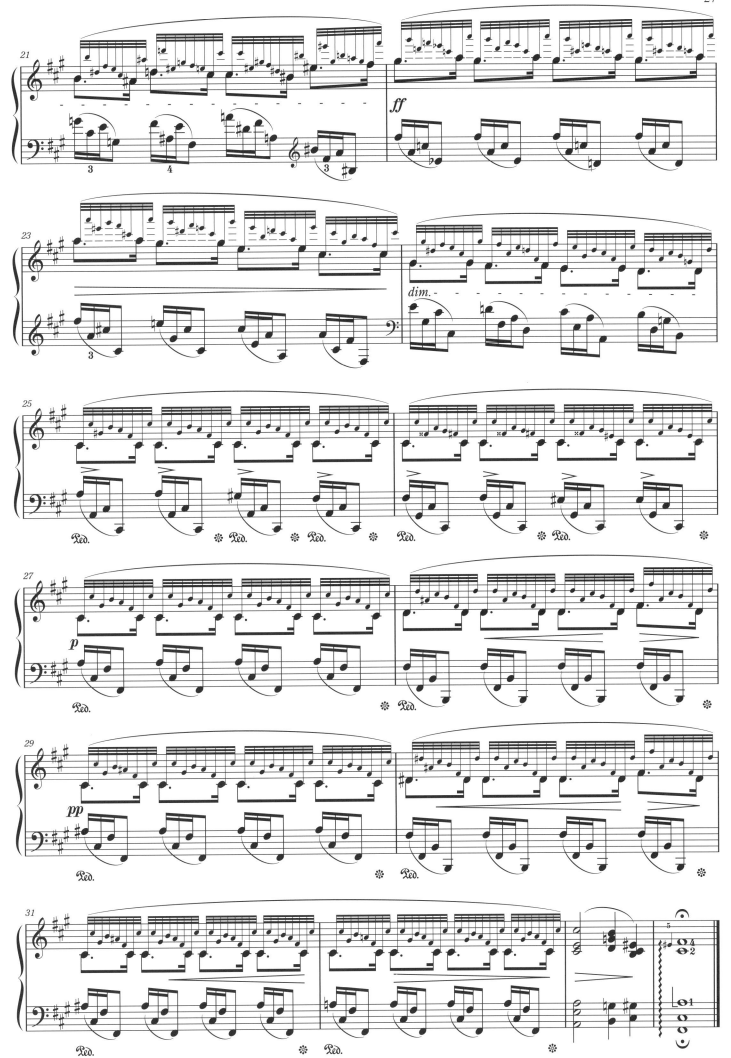

28

★ フランス初版では 3/2 拍子で書かれている。

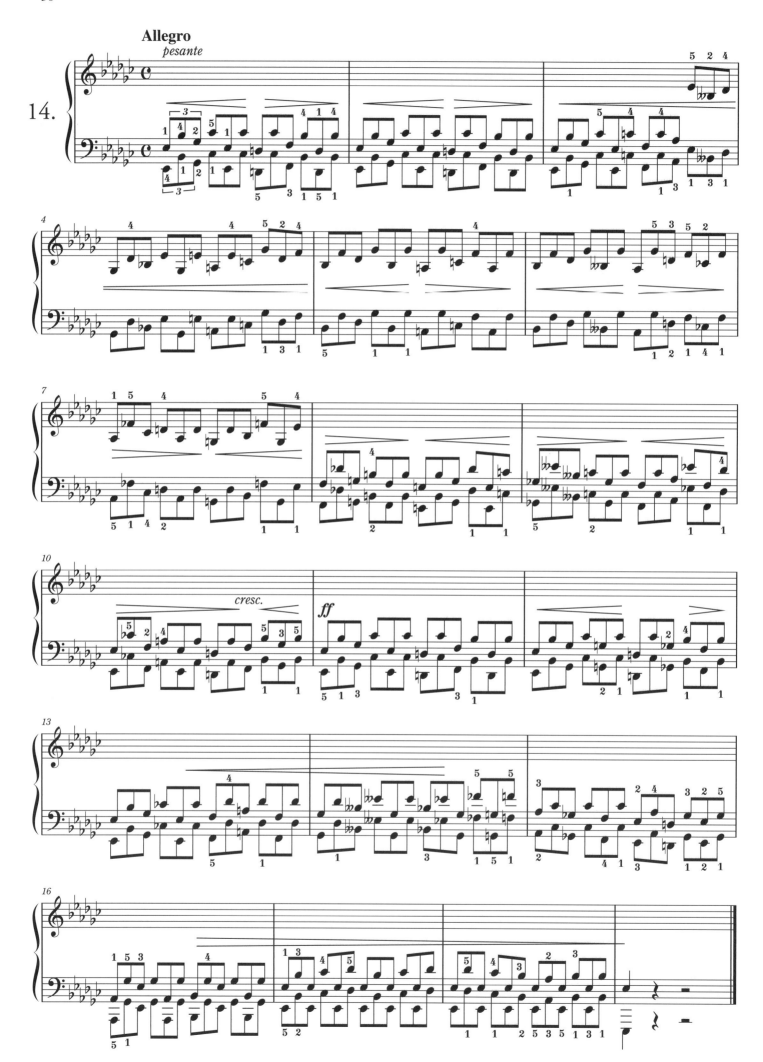

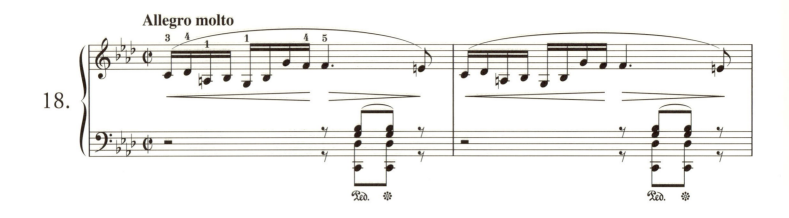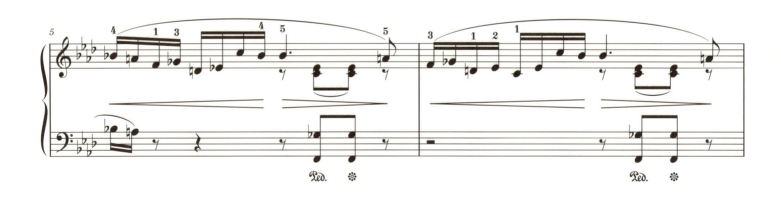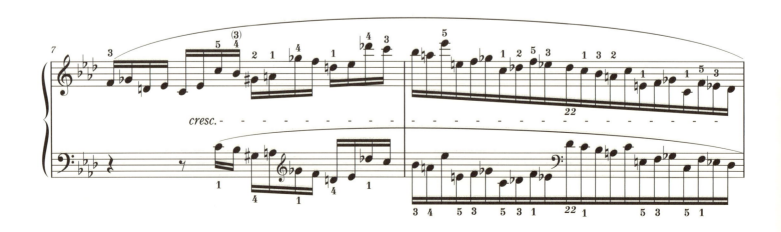

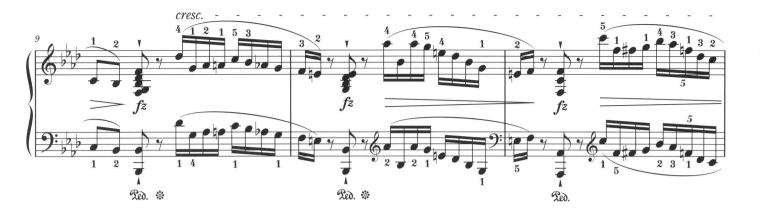
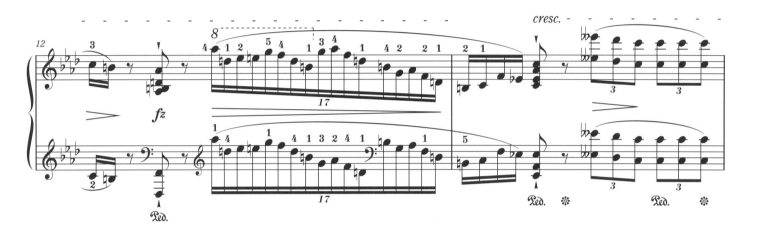

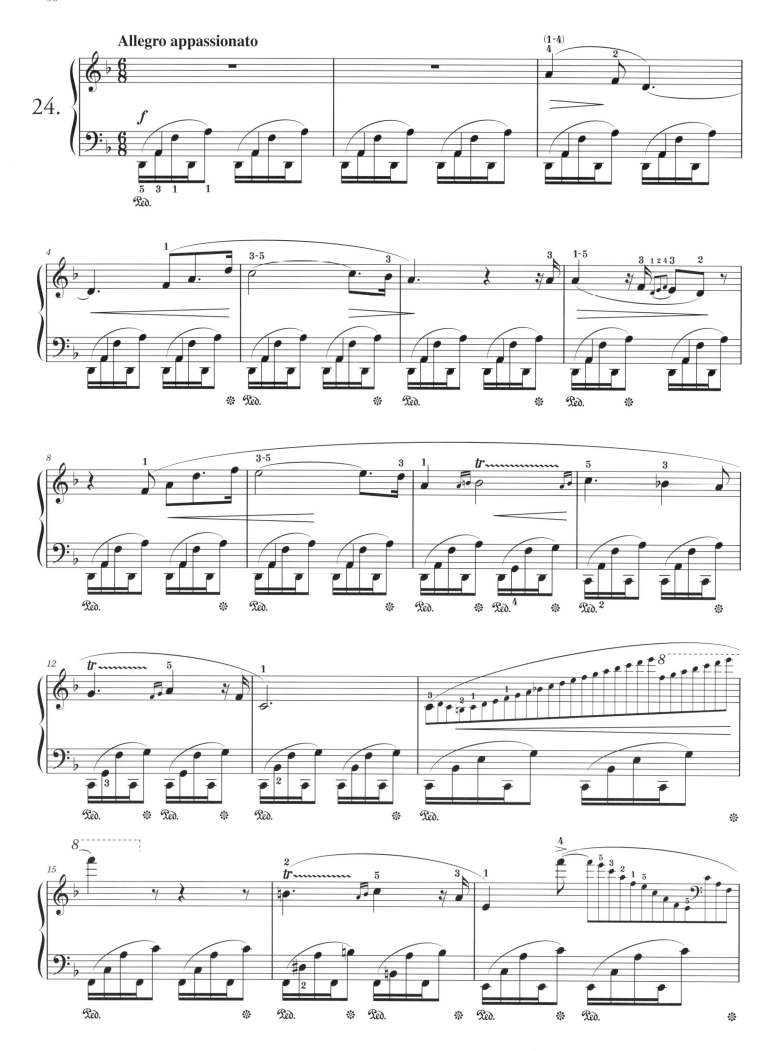

大嶋 かず路

東京藝術大学大学院音楽研究科博士前期課程修了、同博士後期課程修了。博士（学術）。上智大学大学院神学研究科博士前期課程修了。日本ロシア文学会、日本スラヴ学研究会、日本キリスト教文学会、日本アレンスキー協会所属。1997年より藤嶋ミロの筆名にて音楽専門誌などへの記事、連載小説の執筆を行う。主な著書、論文に『夢魂の歌声——音楽家ステファン・ラマーシキンの手記』（ショパン刊）、『小説ショパン——ワルシャワ幻想曲』（ハンナ刊）、『鷲の刻印——フレデリック・ショパンの運命』（音楽之友社刊）、『カール・ホルタイの音楽劇《老いた将軍》：その実像と歴史的意味について』（三恵社刊）、"A Lifelong Friendship of Exiles —— Matuszyński and Chopin" (Chopin 1810-2010: Ideas-Interpretations-Influence, publisher: Narodowy Instytut Fryderyka Chopina, 2017（第3回国際ショパン学術会議論文集））、共著書に『NHK スーパーピアノレッスン「ショパン」テキスト』（NHK出版刊）、『CDでわかる ショパン鍵盤のミステリー』仲道郁代編（ナツメ社刊）、『ショパン：パリの異邦人』（河出書房新社刊）ほか。現在、上智大学外国語学部非常勤講師。

イリーナ・メジューエワ

ロシア出身。モスクワのグネーシン特別音楽学校とグネーシン音楽大学（現ロシア音楽アカデミー）でウラジーミル・トロップに師事。1992年ロッテルダムで開催されたE. フリプセ国際コンクールでの優勝をきっかけに、オランダ、ドイツ、フランスなどで公演を行う。1997年からは日本を本拠地として活動。2006年度青山音楽賞受賞。2015年第27回ミュージック・ペンクラブ音楽賞（クラシック部門、独奏独唱部門賞）を受賞。ショパンのディスクは、すべて『レコード芸術』の特選を獲得。《ノクターン集》はレコード・アカデミー賞を受賞。著書に『ピアノの名曲』（講談社現代新書）。

ショパン 24のプレリュード New Edition 解説付

2019年7月10日　第1刷発行	解　説　大嶋 かず路
2024年4月30日　第3刷発行	運　指　イリーナ・メジューエワ
	発行者　時　枝　　正
	発行所　株式会社 音楽之友社
	東京都新宿区神楽坂6の30
	電話 03(3235)2111(代)　〒162-8716
	振替 00170-4-196250
	https://www.ongakunotomo.co.jp/

414450

© 2019 by ONGAKU NO TOMO SHA CORP., Tokyo, Japan.

装丁：菊池薫
楽譜浄書：中野隆介
印刷：錦明印刷(株)
製本：(株)誠幸堂

落丁本・乱丁本はお取替いたします。
Printed in Japan.

本書の全部または一部のコピー、スキャン、デジタル化等の無断複製は著作権法上での例外を除き禁じられています。また、購入者以外の代行業者等、第三者による本書のスキャンやデジタル化は、たとえ個人や家庭内での利用であっても著作権法上認められておりません。